Rüdiger Frels

Wahrhaftiger Gott
und
Wahrhaftiger Mensch

Die Offenbarung
Gottes

Das Dritte Testament

Impressum

© 2020, Rüdiger Frels.
1. Auflage, 2020.

Autor: Rüdiger Frels.
Umschlaggestaltung, Illustration: tredition GmbH.
weitere Mitwirkende: Leon Weiß (Computerarbeiten).

Verlag & Druck:
tredition GmbH, Halenreie 40-44, 22359 Hamburg.

ISBN:
978-3-347-00755-0 (Paperback)
978-3-347-00756-7 (Hardcover)
978-3-347-00757-4 (e-Book)

Inhaltsverzeichnis

Vorwort

Nach meinem Erweckungserlebnis vor nunmehr viereinhalb Jahren präsentiere ich mein aus zwei Bänden bestehendes zusammengefasstes Gesamtwerk in mehrfach überarbeiteter Form. Ich denke hiermit meinen Beitrag zu leisten zur Verherrlichung Gottes auf Erden und dereinst in der vollendeten Vollkommenheit jenseits von Raum und Zeit. Was mir noch zu tun bleibt, ist in Artikeln und Vorträgen Stellung zu nehmen zu aktuellen Themen unseres Lebens in dieser Welt. Mit diesem Werk entbiete ich Gott meinen Dank für die mir entgegengebrachte Gnade und sein Vertrauen in mich.

Nordenham, den 27. Januar 2020

Rüdiger Frels

Rüdiger Frels

Band 1:
Wahrhaftiger Gott
und
wahrhaftiger Mensch

Das Dritte Testament

Erläuterung zum Aufbau des Werkes

Dieses Gesamtwerk umfasst sechs einzelne Teilwerke, die zusammen eine Einheit bilden. Das Gesamtwerk ist nach dem Hauptwerk der sechs Teilwerke benannt.

Die einzelnen Teilwerke sind in der nachstehenden Tabelle gelistet:

Nr.	Werk
I	Meine Autobiographie
II	Wahrhaftiger Gott und Wahrhaftiger Mensch – Das Dritte Testament
III	Annäherung zu Gott – Die Offenbarung der frohen Botschaft –
IV	Der entwurzelte Mensch und die Liebe Gottes
V	Leben in Gott
VI	Die Weltlage und was zu tun ist

Rüdiger Frels

I.
Meine Autobiographie

Meine Autobiographie

Am 25.03.1957 wurde ich in Norddeutschland, in der niedersächsischen Kleinstadt Nordenham an der Wesermündung in die Nordsee, geboren. Ich habe zwei Brüder. Die kleinbürgerliche Familie hat mir eine weitgehend behütete Kindheit ermöglicht.

Noch nie hatte ich ein „dickes Fell". Da ich natürlich besonders als Kind alle Eindrücke begierig und intensiv aufnahm, waren erste seelische Erschütterungen unvermeidlich. Durch die Geborgenheit in meiner Verwandtschaft konnte dies weitgehend aufgefangen werden. Trotzdem begann ich zu stottern, was sich auch in der Schule etwas bemerkbar machte. Ich wurde aber nie zum Außenseiter, wohl weil ich auch ein guter Schüler war. Mit 10 Jahren kam ich auf das Gymnasium, 1977 machte ich das Abitur.

Nach nächtlichem Kampf mit mir selbst fand ich am 27.01.1976 zum Glauben an den lebendigen, liebenden Gott. Den Wunsch, Theologie zu studieren, um evangelischer Pfarrer zu werden, ließ ich im Laufe der Zeit fallen, da es mich abschreckte, drei alte Sprachen lernen zu müssen. Endlich entschloss ich mich zur Juristerei und begann mein Studium im Oktober 1977 in Kiel.

Ich studierte aber nur halbherzig und wechselte im Sommer 1980 in die Verwaltung meiner Heimatstadt Nordenham.

Mein politisches Engagement in der Friedensbewegung und bei den Grünen erfolgte nach dem intensiven Studium des jungen Marx. In meiner Weltanschauung unternahm ich den Versuch, Christentum und Sozialismus miteinander zu versöhnen. Später vernachlässigte ich den religiösen Aspekt, bis ich mich als „Atheist" bezeichnete. Diese selbst gewählte Distanz zu Gott behagte mir aber ganz und gar nicht. Ich fühlte eine innere Leere, die ich durch materiellen Konsum und besonders durch Alkohol zu kompensieren versuchte.

Litt ich schon seit meiner Pubertät an Depressionen, kam nach meinem Entschluss, in

Stuttgart zu studieren (Philosophie und Politik), noch die Einsamkeit und Isolation hinzu. Ich ließ mich gehen und begann zu verwahrlosen.

Ich arbeitete in Stuttgart bei der Post. Die Doppelbelastung Beruf / Studium konnte ich nicht bewältigen.

Der Sozialismus war für mich kein Religionsersatz, ebenso wenig die Philosophie, der ich mich immer mehr zuwandte. Ich fühlte mich seelisch entwurzelt, weiß ich doch inzwischen, dass mein ganzes Leben ein tiefes Sehnen nach der Liebe und Nähe Gottes darstellt. So geht es ja eigentlich allen Menschen.

Erneut zog ich zu meinen Eltern. Zunächst arbeitete ich, nachdem ich mein Studium aufgegeben hatte, weiter bei der Post. Um den Stress zu bewältigen, trank ich vermehrt Alkohol. Das führte schließlich zu einem Zusammenbruch in Gestalt einer schweren Psychose und der Einweisung in eine Klinik. Ich war nun arbeitsunfähig und wurde Frührentner.

In den nächsten Jahren unternahm ich ausgedehnte Reisen mit meinen Eltern.

Vom Alkohol konnte ich zunächst noch nicht lassen. Ich war zwar nicht körperlich abhängig, aber ein Stimmungstrinker. Schließlich merkte ich, dass sich das Trinken mit meiner Arznei und mit meiner seelischen Feinfühligkeit nicht mehr vertrug: Ich bekam starke Unruhezustände, auch durch den Alkohol.

Nun war ich konsequent: Ich hörte auf, Alkohol zu trinken.

Heute weiß ich, dass ich über die ganzen Jahre, in der selbst gewählten Gottferne, an einem Zustand sehr starker seelischer Anspannung litt und dass die Distanz zu Gott nicht nur von mir, sondern auch von Gott als Unglück empfunden wurde. Er übte durch seine liebende Werbung um mich einen starken inneren Druck aus. Mein Sträuben dagegen führte zu meinen seelischen Unruhezuständen, zu inneren Kämpfen, verstärkt durch den Alkohol.

Gott hat etwas Großes mit mir vor, und dieser Bestimmung, Erwählung auszuweichen, ist praktisch unmöglich. Ich wollte vor der Verantwortung, die mit dieser Erwählung durch den liebenden, gnädigen Gott verbunden ist, einerseits fliehen, andererseits war ja mein Leben durch den Kampf um die liebevolle Zuneigung Gottes, seinen Segen, bestimmt. Diese innere widersprüchliche Zerrissenheit führte mich an den Rand des Wahnsinns.

Heute weiß ich: Gott kämpft um jeden Menschen, hat für jeden eine Bestimmung bereit, die dieser nur um den Preis seelischer Erkrankung oder seelischer Verkümmerung, Verarmung, verweigern kann.

Wozu führte das Ganze bei mir?

Das große Motto, das über meinem Leben im Verhältnis zu Gott steht, lautet, mit den Worten Jakobs nach dem nächtlichen Kampf mit Gott: „Ich lasse dich nicht, du segnest mich denn!" Wir beide, Gott und ich, haben den Kampf gewonnen: Ich bin nach einem abendlichen geistig-seelischen Erweckungserlebnis in wahrhaftiger Erkenntnis als wiedergeborener Christ und Kind Gottes, sein Prophet und Mittler zu den Menschen geworden, der in der Einheit der Kommunion mit Gott als wahrhaftiger

Mensch bereits auf Erden Bestimmung und Glück gefunden hat, als Vorschein der höchsten Vollendung und Vollkommenheit jenseits von Raum und Zeit in Liebe.

Rüdiger Frels

II.
Wahrhaftiger Gott und
Wahrhaftiger Mensch

Das Dritte Testament

Zum Werk

Meine Religionsphilosophie verbindet die Philosophie Teilhard de Chardins mit den Philosophien Hegels und Karl Marx'.

Sie ist eine Versöhnung von Christentum und Sozialismus, die ja beide eine sich als tätig begreifende Menschlichkeit vertreten.

Ihr radikalhumanistischer und sozial-emanzipatorischer Ansatz weist dem Menschen eine wichtige Aufgabe bei der Vollendung sowohl des Kosmos als auch Gottes zu. Jesus und Marx sind wohl die bedeutendsten Vertreter für die jeweiligen Ansätze, die meine Philosophie miteinander verbindet.

Meine Religionsphilosophie mündet schließlich in die absolute Kommunion zwischen Gott und Menschheit, die sich in ewiger und unendlicher Vollkommenheit vereinen.

1. Metaphysik

Von Ewigkeit her ist der unendliche, lebendige, liebende Gott, jenseits von Zeit (Dauer) und Raum (Ausdehnung), der Geist an sich in seiner reinen Innerlichkeit des Denkens in abstrakt-logischer Form (These).

Denken des Denkens, das reine, sich ständig pulsierend dialektisch konstituierende verbindend-Aufbauende als Grundstruktur des Seins, das sich in die 3 Wesensmerkmale des lebendigen Gottes, als des vorbewusst-Vernünftigen, ursprünglich-Schöpferischen und der verbindend-aufbauenden Liebe als elementarstem Wesensmerkmal Gottes, zerlegt.

Gott (Vater) birgt den Christus-Logos (Sohn) in sich als versammelte Latenz der Möglichkeiten (Ideen). Das Mögliche, der Christus-Logos, drängt zum Wirklichen, zum Werden, zur Schöpfung. Es ist so etwas wie die Sehnsucht Gottes nach liebevoller Gesellschaft und das Drängen nach Vollendung im Selbstbewusstsein, also als selbstbewusstes geistiges Wesen mit vollkommener Vernunft, Schöpferkraft und Liebe in vollendeter, liebevoller, lebendiger Gemeinschaft mit anderen, von Gott geschaffenen, intelligenten und selbstbewussten Wesen.

Gott entlässt den Christus-Logos aus sich heraus in das gegenständlich Andere des Für-Sich-Seins des Objektiven (Antithese), um mit dem Urknall in Raum und Zeit zum Kosmos zu werden (Synthese). In der materiellen Natur gewinnt Gott als Christus-Logos dingliche Form.

Mit der Dialektik These – Antithese – Synthese hat die Entwicklung des Kosmos begonnen. Dabei brach der Christus-Logos aus der Geborgenheit der Einheit mit dem ewigen und unendlichen Gott heraus und wurde in die schöpferische Mühe mit dem Leid der Kreatur und der späteren Entfremdung des unvollkommenen Menschen als das Böse oder die „Sünde" hineingeboren. Das war für den Christus-Logos durchaus ein Schock.

Der fleischgewordene Christus-Logos steht im Leiden Jesu am Kreuz auch als Symbol für das Leiden Gottes in und mit dem Menschen in dieser Welt, das Leid in der Welt wird von Gott im Menschen immer auch mitgelitten in der Kommunion des immanenten Christus-Logos (Seele) und des transzendenten Gottvaters (Geist) mit dem Menschen.

Die Auferstehung Jesu ist ein vorweggenommenes Symbol für die endzeitliche Vollendung des Kosmischen Christus-Logos in Gott mit der Auferstehung aller Toten. Der Christus-Logos ist der Materie ganz latent – immanent, drängt gärend voran, gebiert die Möglichkeiten mit seinem Drang zur Erfüllung, zur Vollendung, aus sich heraus.

Der Kosmos breitet sich als Raum-Zeit-Blase in der umgebenden Transzendenz des ewigen und unendlichen Gottes aus. Der Christus-Logos ist das dem Kosmos immanente Prinzip des Werdens. Er ist die den Kosmos durchwaltende göttlich-spirituelle Vernunft, die den Kosmos durchwirkende Gesetzmäßigkeit und Norm, gestaltend und ordnend.

Aus diesem Ur-Prinzip des Verbindend-Aufbauenden entwickelt sich später im Menschen die Liebesfähigkeit (Eros).

Aus einem Kern unendlicher Dichte entwickeln sich mit Raum (Ausdehnung) und Zeit (Dauer) expandierend im Verlaufe von Jahrmilliarden Sternsysteme und Planeten. Auf geeigneten Planeten entstehen Lebewesen, später auch intelligentes Leben. So betritt auf der Erde der Mensch die Bühne der Welt.

Dann werden aus den 3 Urprinzipien des Christus-Logos im Menschen 3 Wesenskräfte:

    1. Aus dem vorbewusst-Vernünftigen wird die selbstbewusste vernünftige Kraft.
    2. Aus dem ursprünglich-Schöpferischen wird die kreative Kraft.
    3. Aus dem verbindend-Aufbauenden wird die Liebesfähigkeit des Menschen als dritte und elementarste Kraft.

Die Toten sind „Schlafende" in der den Kosmos umgebenden Transzendenz des vorbewussten, ewigen und unendlichen Gottes, deren „Erweckung" im selbstbewussten Gott erst noch ansteht.

Wir können im Erleben des Christus-Logos in unserer Seele spirituelle Kraft gewinnen, zum Anderen in der mystischen, geistigen Versenkung in die umgebende Transzendenz des ewigen und unendlichen Gottes (das große Licht, die geistige Erleuchtung, die weise Erkenntnis im heiligen Geist, die über die liebevolle Tat hin zur glücklichen Erfüllung führt).

Der Mensch ist aber noch in der Entfremdung gefangen. Er kann seine Wesenskräfte nicht voll entfalten. Er ist den Lebensbedingungen einer von ihm nicht beherrschten, nicht bewusst gestalteten Umwelt – Gesellschaft ausgeliefert. Gerade auch im Kapitalismus kann er sich im Arbeits- und Lebensprozess als Mensch nicht ausleben und verwirklichen.
Die von ihm geschaffenen Arbeitsprodukte und Lebensverhältnisse, gesellschaftlichen Ver-

hältnisse, treten ihm als fremde Fesseln entgegen, denen er sich ausgeliefert sieht. Der Kapitalismus mit dem Privateigentum an den Produktionsmitteln und der privaten Aneignung gesellschaftlich produzierten Reichtums (Ausbeutung) bedeutet das Ausgeliefertsein des menschlichen Subjekts an die repressive Kraft objektiv-anonymer Mächte: Der kapitalistische Markt und der tendenziell autoritäre Staat.

In ihrer Geschichte durchlief die Menschheit verschiedene politische und wirtschaftliche Gesellschaftsformen, die einander durch revolutionäre Umwälzungen in Klassenkämpfen ablösten. Auf die landwirtschaftlich geprägte Gesellschaft mit der Herrschaft des Adels folgte die bürgerlich-kapitalistische Gesellschaft (Ur-Gesellschaft, Sklavenhalter-Gesellschaft, Feudalismus, Kapitalismus, Sozialismus – Kommunismus).

Die Kriege, Faschismus, Umweltzerstörung, die Wirtschaftskrisen, Ausbeutung, Leistungsdruck, Konkurrenzdenken, Verdinglichung und Vereinzelung – der Mensch wird zur Ware.

Eins ist inzwischen klar: die bürgerlich-kapitalistische Gesellschaft gehört längst auf den Müllhaufen der Geschichte.

Es gilt, den Menschen aus der Entfremdung zu befreien, alle Verhältnisse umzuwerfen, in denen der Mensch ein erniedrigtes, geknechtetes, verlassenes, verächtliches Wesen ist (nach Marx). Ziel ist die liebevolle Gesellschaft der Freien und Gleichen – der emanzipierte Mensch in emanzipierter Gesellschaft.

Dazu bedarf es der Vergesellschaftung der Produktionsmittel, radikaler Verkürzung wirtschaftlich notwendiger Arbeitszeit und der Überwindung der Arbeitsteilung.

Danach werden der Mitmensch und die freie produktive Arbeit dem Menschen zum Bedürfnis. Der zu seinem Wesen befreite Mensch wird sehr geistig-bewusst, vernünftig, schöpferisch und liebevoll.
Es entsteht eine Gesellschaft des liebevollen Umgangs miteinander, in der z.B. jeder gleichzeitig Philosoph, Künstler und Handwerker

27

sein kann.

Die Menschen werden zu freien und reifen Persönlichkeiten, zur Krone der Schöpfung, denn in der Gesellschaft wächst dialektisch-gleichzeitig stark auch die religiöse Spiritualität. „Jeder trägt des anderen Last." „Das Reich Gottes ist angebrochen." „Es bricht mit gewaltiger Kraft herein und die Gewaltigen reißen es an sich!" „Der Mensch lebt nicht vom Brot allein, sondern auch vom Wort Gottes!" (Frei nach Jesus).

In dieser politisch-wirtschaftlichen, geistig-kulturellen Atmosphäre entsteht der Kosmische Christus. Das ist die weltweit vernetzte spirituelle Vollendung der Menschheit in dem sich der Christus-Logos zu einem personalen Zentrum erdumfassender Spiritualität mit der Menschheit mystisch vereinigt.

In diesem zentralen Punkt Omega höchster spiritueller Konzentration findet auch der den Kosmos transzendent umgebende Gott (Vater) den Grund, in dem er in den Kosmos einbricht, sich mit dem ihm entgegen hebenden Kosmischen Christus (Sohn) synthetisch wiedervereinigt zu einem ewigen und unendlichen, lebendigen Gott des An-und-für-sich-Seins bisher noch nie dagewesener vollendeter Personalität als höchst selbstbewusst-geistig-vernünftiges Wesen mit höchster Schöpferkraft und höchstem Liebesvermögen.

Endlich hat Gott sich vollendet und in und mit ihm die ganze (spirituelle) Menschheit, die als geistige Einheiten in die ewige und unendliche Kommunion mit Gott eingehen zu einer umfassenden, lebendigen Spiritualität, die auch alle Toten in sich auferstehen lässt und alle Materie des Kosmos mit dem Sieg über das Böse, das Leid und den Tod in ewiger und unendlicher Geistigkeit in sich vollendet. Der Geist Gottes ist die Energie, die ursprüngliche Kraft an sich.

„Siehe, es ist Alles neu geworden! Ich bin das A und das O (Alpha und Omega) der Anfang und das Ende."

Alles besteht ewig und unendlich, ist in Gott in reicher Erfüllung bewahrt und vollendet.

Die Fülle aller Phänomene, aller Geschehnisse. Die raumzeitlichen Grenzen sind in Gott transzendierend aufgehoben. Gott ist jetzt ganz bewusst, das heißt er ist allumfassend in höchstem Glück zu sich selbst gekommen.

- Wir nehmen bereits heute spirituellen Anteil, indem wir diese glückliche Vollendung durch eine alternative Lebensweise „vorschmecken" können.

Betonung der freien, produktiven Arbeit gegenüber der bloßen Erwerbsarbeit, Selbstvervollkommnung, Arbeit an der Verbesserung der Gesellschaft. Menschliche Reife und Liebe statt Macht, Geld und Konsum. Ziel ist ein wirklich glückliches und erfülltes Leben. Spirituell kann ich mich mit dem Christus-Logos (Seele) und dem transzendenten, vorbewussten Gott (Geist) mystisch vereinigen (Kommunion im Heiligen Geist, menschliche Identität). Die große, allumfassende Vollendung wird aber erst in der totalen Kommunion mit dem ewigen und unendlichen Gott vollzogen werden.

Welch eine geistige Wiederbegegnung wird dort sein zwischen <u>allen</u> auferstandenen Menschen in unverweslicher Gestalt! Wie eine liebende Braut ist der Kosmische Christus in die Arme seines ewigen und unendlichen Gottvaters empor gestiegen!

„Und siehe Jerusalem, alle Tränen des Leidens werden weggewischt und dort wird sein die ewige Freude, das ewige Glück in bewusster Kommunion mit Gott."

Dabei verblasst das größte menschliche Leid angesichts der unbeschreiblich glücklichen Erfüllung im ewigen und unendlichen Gott.

Dies alles ist mehr als nur Hoffnung. Es ist die Verheißung des Philosophen, der sich durch den Heiligen Geist in Gemeinschaft mit Gott, den Propheten und besonders mit Jesus Christus befindet. Sollte die Menschheit scheitern, dann ist der Kosmos groß genug, dass sich auf einem anderen Planeten die Vollendung des Kosmos in Gott vollziehen wird.

Die spirituelle Kraft lebt heute schon in unseren Herzen!

2. Der Christ im Alltag

Lebendige Nachfolge Jesu, gerade auch im Alltag, bedeutet eine tiefe, alles durchdringende Spiritualität und führt zu einer umfassenden Verherrlichung Gottes im konkreten menschlichen Lebensvollzug. Dabei erstreckt sich die Nachfolge der Spiritualität Jesu nicht nur auf die Organisierung der bedeutenderen Lebensinhalte, sondern prägt auch die scheinbar nebensächlichen Verrichtungen.

So entsteht eine durchweg bejahende Einstellung zum Leben und ein tiefes Gefühl der Geborgenheit in der von Gott geprägten Welt. Der emanzipierte Mensch heiligt sein Leben in der Nachfolge Jesu zur Verherrlichung Gottes. So wird der Alltag zum Gottesdienst.

Auch in den alltäglichsten Verrichtungen des konkreten menschlichen Lebensprozesses verherrliche ich als ein vom heiligen Geist durchdrungener Christ (Verklärung) den ewigen und unendlichen Gott, dabei seine Prägung aller Lebenszusammenhänge vollziehend, sowie den Einbruch des Reiches Gottes auf Erden signalisierend.

Alles ist in Gott und durch seine Grundprägung, das Verbindend-Aufbauende, sinnhaft-liebevoll durchwaltet.
In der Kommunion mit Gott im Heiligen Geist sind wir in ihm geborgen und durch die Entfaltung des Verbindend-Aufbauenden im Erkennend-Vernünftigen, Schöpferischen und Liebevollen zur Wirkmächtig-Weltverbessernden Tat aufgerufen.

Diese tiefe, sinnhafte Geborgenheit in Gott strahlt auch und gerade auf die Gestaltung unseres Alltagslebens aus, zu einer umfassenden ordnenden Selbstdisziplin.

Der wahrhaftige Mensch, wiedergeborener Christ im Heiligen Geist, ordnet und gestaltet nicht nur seine wichtigsten Lebensverhältnisse nach göttlichem Abglanz, sondern auch seine alltäglichsten Wohnverhältnisse und Verrichtungen. So drückt sein <u>ganzes</u> Leben das demütige Sich-Einordnen in den Schöpfungsplan Gottes aus. Der übersteigerte bürgerliche Individualismus tritt zugunsten einer wahrhaftigen Personalität zurück. Die alltäglichen Dinge, wie Putzen, Kochen, Einkaufen, geschehen in der Nachfolge Jesu.

Körper, Geist und Seele werden durch entsprechende Freizeitbeschäftigungen gesund gehalten (Bewegung, Philosophie, Kunst). Der Christ mit seiner erkennenden, weisen Vernunft, seiner Schöpferkraft und seinem Liebesvermögen steht als Mensch voll im Leben.

3. Marxistische Analyse, Politische Utopie, Eschatologie
(Kommunistischer Anarchismus, Reich Gottes auf Erden – Absolute Kommunion in Gott)

a) Marxistische Analyse der bürgerlich-kapitalistischen Gesellschaft

Die bürgerlich-kapitalistische Gesellschaft steckt voller Widersprüche und Ungerechtigkeiten. Grundlage ist die Entfremdung des Menschen von seinem Wesen. Hauptkennzeichen ist das Privateigentum an den Produktionsmitteln, die private Aneignung gemeinschaftlich produzierten Reichtums (Ausbeutung).

Die bürgerlich-kapitalistische Gesellschaft produziert zunehmend tote Resultate (Geld, Kapital). Sie drängt das Menschliche zurück, entwickelt zerstörende Kraft (gegen natürliche Umwelt, Kriege). Der Imperialismus steht in voller Blüte.

Alles wird den Gesetzen vermeintlicher wirtschaftlicher Nützlichkeit unterworfen. Alles ist gut, was dem Profitstreben der Konzerne dient. Es bildet sich der nützlich-angepasste Homo oeconomicus heraus, der jederzeit ausbeutbar ist und nur Konkurrenzdenken und Leistungsdruck kennt. Es dominiert eine bloß materielle Lebensweise („Konsumterror").

Für Dienstleistungen, die direkt dem Menschen zu Gute kommen, wie z.B. die Pflege kranker, alter und behinderter Menschen, sind keine Mittel da („Sparzwang"). Soziale Gerechtigkeit und mitmenschliche Liebe finden kaum statt, das Spekulantentum blüht, marode Banken werden zulasten anderer Aufgaben großzügig unterstützt. Wirtschaftskrisen lösen sich in kurzen Abständen ab (zunehmende zyklische Krisen). Eine unkontrollierte Finanzwirtschaft wirkt sich sehr schädlich für die Menschen aus.

Die anarchische Wirtschaftsform des Kapitalismus erzeugt weltweit menschliches Elend (Subventionierter Handel mit der 3. Welt, Klimawandel), lässt die menschliche Persönlichkeit verkümmern.

In den Metropolen sind bei relativ hohen Selbstmordraten die Psychiatrien gut gefüllt. Das menschliche Subjekt kämpft hart um die Behauptung seiner wahrhaftigen Persönlichkeit in einer Umwelt blinder, sich zunehmend verselbstständigender, objektiver Zwänge. Der bürgerlich-kapitalistische Staat überwacht seine Bürger. Der Faschismus blüht wieder auf. Die Menschen sind weitgehend konservativ-angepasst, so auch die überwältigende Mehrheit der Medien.

Durch eine alternative Lebensweise, z.B. im Kampf für eine bessere Gesellschaft und durch religiöse Spiritualität auch im Alltag, kann ich mir die wahrhaftige menschliche Identität bewahren.

b) Politische Utopie, Eschatologie
(Kommunistischer Anarchismus, Reich Gottes
auf Erden – Absolute Kommunion in Gott)

Alle Macht geht vom Volke aus. Sie vermittelt sich basisdemokratisch von unten nach oben und dezentral über Kommunen (kleine Gemeinden und kleine Kreise), sowie über kleinere und mittlere Betriebe. Die Gestaltungsmacht wird von jederzeit abwählbaren Politik- und Wirtschaftsräten verwaltet. Es gibt jederzeit Betriebsabstimmungen über Gegenstand und Zielsetzung der Produktion sowie kommunale Abstimmungen über politische Projekte.

Die Betriebe sind vergesellschaftet, sie gehören mit Produktionsmitteln und Produkten dem Volk.

Überregionale Angelegenheiten in Politik und Wirtschaft werden in Konferenzen der regionalen Betriebs- und Kommunalräte abgehandelt. Gegebenenfalls werden Abgesandte der regionalen Räte gewählt, welche die Gemeinschaft überregional vertreten. – Für Jeden bleibt ein privater Bereich in freier Verfügungsgewalt über persönliches Eigentum.

Allgemeine Verbrauchsgüter werden gemeinschaftlich verwaltet. Internationale Militärorganisationen werden von liebevollen Solidargemeinschaften mit weltweiter Vernetzung zur Konfliktvermeidung abgelöst (u.a. auch karitative Zwecke).

Das Ganze ist kommunistischer Anarchismus. Mit ihm ist das Reich Gottes auf Erden angebrochen. Die sich herausbildende christliche Erdengemeinschaft ist der Leib Christi, Liebevoll-freundschaftlich durch die weltweit vernetzten Solidargemeinschaften.

Es wächst gleichzeitig immer mehr die religiöse Spiritualität. Innerhalb des Leibes Christi, innerhalb der vernetzten liebevollen Solidargemeinschaften, bilden sich viele spirituelle Gebets- und Andachtsgemeinschaften. Das spirituelle Netz spannt sich über die ganze Erde und verdichtet sich. Alles zentriert sich auf einen Punkt Omega, der durch die geistig-spirituelle

Kraft von zig-Millionen Menschen Person-charakter annimmt – der ungeheuer konzentrierte Geist des Kosmischen Christus hat sich herausgebildet. Er legt einen Grund für Gott-Vater. Es kommt zur kosmischen Kommunion mit dem transzendenten ewigen und unendlichen Gottvater, der in den Kosmos hereinbricht und sich mit dem Kosmischen Christus (seinem Sohn) zu einem lebendig-selbstbewussten, weisen-vernünftigen, liebevollen Gott vereinigt, der in allumfassender vollendeter Schöpferkraft alle Materie des Kosmos mit der Erweckung aller Toten zu ewiger und unendlicher Geistigkeit in vollkommenem Glück erlöst.

4. Letzte Erkenntnisse

Der mystische Zugang zu Gott erschließt sich im Heiligen Geist. Durch den Heiligen Geist wird die bürgerlich-überzogene individualistische Identität des Menschen zur wahrhaftigen zeitlosen personalen Identität gewandelt. Als befreite, emanzipierte Person steht der Mensch als Christ in der Nachfolge Jesu. Der Mensch ist jetzt liebevoll und schöpferisch in weiser Vernunft. Er steht im Kampf für eine menschlichere Gesellschaft und so im Licht Gottes.

Der wiedergeborene Christ kann sich andächtig Gott öffnen und annähern (Gebet). Das mystische Erleben der Nähe Gottes ist ein Gnadenakt. Der Mensch ist in der mystischen Kommunion mit Gott ganz zu sich selbst gekommen. Er spürt seine wahrhaftige Identität indem er Gott in sich spürt. Die Vereinigung ist die Erfüllung der tiefen Liebesbeziehung des Christen mit dem ewigen und unendlichen Gott. Die Ausprägung und Intensität des Erlebens der Nähe Gottes kann die unterschiedlichsten Formen annehmen.

Für mich war es ein Erweckungserlebnis in einem Akt geistig-seelischer Erkenntnis in Wahrhaftigkeit, eine Wiedergeburt in Gott, im Heiligen Geist. So wurde ich zum religiösen Philosophen, zum Propheten der Wahrheit in Wahrhaftigkeit. Gott kam als liebevoller Vater – ich wurde ein wahrhaftiger Mensch in einiger liebender Kommunion mit ihm. Aus Begabung einiges mitbringend, gewann ich alles durch die Identität mit dem lebendigen Gott. Amen!

Transzendenz bedeutet Überschreitung, transzendieren also überschreiten. Es ist etwas, das über das Herkömmliche, Gewohnte, über alle irdischen Regeln hinausgeht in eine jenseitige, erlösende Übersteigerung. Transzendenz ist die Sphäre Gottes, an der der Mensch im Heiligen Geist teil hat. Transzendieren ist Handeln im Sinne Gottes, in der Nachfolge Jesu. So konnte Jesus zu seinen christlichen Schwestern und Brüdern sagen: „Ihr seid nicht von dieser Welt."

Die Materie ist die objektiv-gegenständlich-dingliche Erscheinungsform des göttlichen Geistes, ist „gefrorene" Energie des dynamischen Gottes.

Wenn der Gottvater im personalen Punkt Omega in den Kosmos einbricht und sich mit dem Kosmischen Christus vereinigt, dann bringt dieser ihm mit dem Selbstbewusstsein die weise Vernunft, die Schöpferkraft und das Liebesvermögen als die Quintessenz menschlich-göttlichen Wesens, die Gott zur vollendeten Vollkommenheit im höchsten Glück jenseits von Raum und Zeit verherrlicht.

Hierbei wird alle Materie des Kosmos einschließlich aller Toten zu einer ewigen und unendlichen Geistigkeit dynamisch gewandelt und vollendet (Entrückung der Menschheit, Auferstehung und Erlösung aller Toten und aller Lebenden).

Der subjektiv-geistige Kern der Materie (Kosmischer Christus) löst durch Gottes Neuschöpfung seine verdinglicht-objektivierte Hülle endgültig zu ewiger und unendlicher Vollendung des Kosmos in sich auf. Gott gewinnt dadurch letzte Kraft und vollendete Herrlichkeit als dynamischer Gottvater in selbstbewusster Personalität („Siehe, es ist Alles neu geworden!")

– Kennzeichen für die Liebe zwischen Menschen ist das gegenseitige Erkennen der grundsätzlichen göttlichen Wesensgleichheit in ihrem

Herzen. Es entsteht so etwas wie enge Seelen-verwandtschaft – die Herzen finden zueinander (Erkennen der Personalität). Dabei veredelt die Liebe die menschliche Sexualität und Erotik, die beide aus der Spannung zwischen körperlicher Kreatürlichkeit und geistiger Persönlichkeit leben. –

In der Verstelltheit fremder Sachgesetzlichkeiten ist der Mensch von seinem wahren, dem wahrhaftigen göttlichen Wesen entfremdet. Die menschliche Entfremdung ist neben dem allgemeinen Leid der Kreatur negatives Kennzeichen der ursprünglich-objektiven antithetischen Verdinglichung im mühsamen, entbehrungsreichen Schöpfungsvorgang von Gottvater mittels seines Sohnes, des göttlichen Logos im Anfang eines Kosmos im Werden vom Unvollkommenen, Leidvollen und Bösen bis zur Überwindung der Entfremdung durch den radikal-humanistischen Ansatz (Jesus) und zur Umwälzung der Verhältnisse im sozial-emanzipatorischen Ansatz (Marx).

Jesus und Marx wollten Mensch und Gesellschaft emanzipieren. Sie wollten das menschliche Subjekt zu einer wahrhaftigen Persönlichkeit mit weiser Vernunft, Schöpfungskraft und Liebesvermögen befreien, in einer Gesellschaft frei von Ausbeutung und Unterdrückung.

Kern der Botschaft Jesu ist das Gebot der Nächsten- und Feindesliebe („Einer trage des Anderen Last, das Reich Gottes ist nahe herbeigekommen").

Kern der Botschaft von Marx ist die Erkenntnis der Notwendigkeit der Überwindung der gesellschaftlichen Unterdrückung („Es gilt, alle Verhältnisse umzuwerfen, in denen der Mensch ein erniedrigtes, ein geknechtetes, verlassenes und verächtliches Wesen ist. Die Philosophen haben die Welt verschieden interpretiert. Es kommt aber darauf an, sie zu verändern.").

In der mystischen Begegnung mit Gott im Heiligen Geist wird der Glaube an Ihn zu einem Erleben seiner Gegenwart!

Diese Gegenwart äußert sich auch und gerade im kraftvollen Antrieb zur weltverbessernden Tat mit weiser Vernunft, Schöpferkraft und Liebesvermögen. Das verbindend-Aufbauende ist das Grundprinzip des ewigen und unendlichen Gottes. Darauf bauen die Prinzipien der Vernunft, der Schöpferkraft und des Liebesvermögens in Gott und im Menschen auf. Gott ist ewig und unendlich, weil er sich ständig in der Verbindend-Aufbauenden Bewegung konstituiert. Gott ist absolutes Sein.

Er bleibt sich in seiner Grundstruktur treu, obwohl er sich mit Mensch und Kosmos, in seiner Schöpfung, in der Fülle aller Erscheinungen und Geschehnisse, als Verwirklichung der Möglichkeiten, vervollkommnet als ein Gott im Werden, der sich zunehmend erkennt und entwickelt hin zu höchster erfüllter, glücklicher Vollendung in dynamischer Kraft und vollkommener, endlich selbstbewusster Personalität, in all-umfassender Herrlichkeit jenseits von Zeit und Raum.

„Ich werde der sein, der ich sein werde!" (Jahwe)
„Ich bin das A und das O, der Anfang und das
Ende!" (Alpha und Omega)

Gott hat, in Jesus Christus, ein großes Ver-
sprechen gegeben:
„Ich bin bei Euch alle Tage!"

Das ist und war er immer: Bei uns, in uns.
Er lässt uns nicht im Stich! Auch und gerade im
größten Leid war Gott bei uns, hat mitgelitten
gerade auch im größten Leid; trotz aller
Schwäche und aller Schmerzen bleiben wir in
Gott geborgen.

Wie die Auferstehung Jesu ein Symbol für die
schließliche All-Erlösung, All-Vollendung von
Mensch und Kosmos in Gott ist (alle Materie,
alle Kreatur werden erlöst) so ist das Kreuz
Symbol für das ständige Mit-Leiden Gottes mit
der Kreatur, auch wenn diese, als Folge von
Schmerzen und Schwäche, sich von Gott
verlassen fühlt.

Ja, zunächst hat Jesus am Kreuz wohl gerufen: „Mein Gott, mein Gott, warum hast Du mich verlassen?"

Doch ich weiß, wenig später, mit der letzten, durch Gott erwirkten Kraft, hat er doch noch Gottes ewige Gegenwart gespürt. Er rief: „Vater, ich lege meinen Geist in Deine Hände!" - Noch einmal: Der lebendige, liebende, ewige und unendliche Gott leidet in Kommunion mit Jesus Christus am Kreuz und leidet auch mit jedem Menschen.

Gott ist also als Gottvater im Geist (transzendent) und Sohn Christus-Logos in der Seele (immanent) immer bei uns. Der Mensch ist (besonders im Heiligen Geist) eine Manifestation Gottes.

Zu dieser Gewissheit kommt die trostreiche Aussicht auf die vollendete Erfüllung des vollkommenen Glücks in ewiger und unendlicher, totaler Kommunion mit Gott (Erfülltes Bei-sich-sein in geistig-erleuchteter Schau höchster harmonischer Schönheit in totaler Geborgenheit und verbindend-Aufbauender Dynamik mit Erkennender Vernunft, Schöpferkraft und Liebe in vollendeter Kommunion mit Gott jenseits von Raum und Zeit).

Rüdiger Frels

III.
Annäherung zu Gott

– Die Offenbarung der frohen Botschaft –

1. Annäherung zu Gott

Jesus Christus konnte sagen: „Der Vater und ich, wir sind eins", weil seine Kommunion mit Gott im Heiligen Geist so eng war, dass er mit dem ewigen und unendlichen Gottvater identisch wurde; er war gleichzeitig wahrhaftiger Gott und wahrhaftiger Mensch, gleichzeitig Gott und Menschensohn.

Jeder wahrhaftige Mensch in der Nachfolge Jesu im Heiligen Geist kann diese Identität mit Gott erreichen, die die vollkommene Kommunion mit dem vollendeten Gott in der eschatologischen Ewigkeit und Unendlichkeit jenseits von Raum und Zeit im Ansatz vorwegnimmt. Es waren Gottvater und Gottsohn, die im wahrhaftigen Menschen Jesus Christus am Kreuz gelitten haben, als Symbol für das ständige Mitleiden Gottes mit der gepeinigten Kreatur!

Überdies ist Jesus Christus wahrhaftig Auferstanden! Er ist der Erste unter den Auferstandenen als Zeichen für alle Gläubigen und als Symbol für die erlösende eschatologische

Auferstehung aller Kreatur. Dies ist das wahre Geheimnis von Kreuz und Auferstehung.

„Viele sind berufen, doch nur wenige sind auserwählt!"

Im Heiligen Geist sind die gläubigen Christen zur Nachfolge Jesu berufen. Jeder kann wie Jesus zu einem wahrhaftigen Propheten Gottes werden bis zum Erleben der Identität mit dem ewigen und unendlichen Gott in lebendiger Wahrhaftigkeit. „Ihr werdet noch größere Taten vollbringen können als ich!" (Jesus).

2. Leben und Liebe – die beiden Elementarformen göttlichen und menschlichen Seins, mündend in die Vernunft und die Schöpferkraft

Im Anfang ist der lebendige und liebende Gott an sich, in verbindend-aufbauender Dynamik pulsierend, sich in sich ausdehnend und sich dialektisch in These, Antithese und Synthese wieder zurücknehmend, dabei erzeugt diese in sich beschlossene Eigenbewegung eine Fülle der inneren Latenz der Ideen oder Möglichkeiten (Potential) die eine damit entstehende Ur-Vernunft zur drängenden Sehnsucht nach Gesellschaft und zum Drang nach Selbsterkenntnis mit entstehendem Selbstbewusstsein entwickelt, was schließlich in die Schöpfung der gegenständlich-objektiven Wirklichkeit des Kosmos mündet, in dessen Entwicklung sich Gott zunächst erspürt und dann im menschlichen Selbstbewusstsein sich selbst zu erkennen beginnt und sich schließlich mit der emanzipierten Menschheit in vollkommener Gemeinschaft zur Identität des höchsten, unendlichen und ewigen Glückes in absoluter Wahrhaftigkeit mit höchster selbstbewusster Personalität vollendet.

Leben bedeutet also das kraftvoll-dynamische Aus-sich-herausgehen mit Vernunft, Schöpferkraft und Liebesvermögen zur die Welt gestaltend-verbessernden Tat um sich danach befriedigt wieder zurückzunehmen.

In diesem Prozess mit dauerhafter, kraftvoller Dynamik konstituiert sich die geistige Ewigkeit und Unendlichkeit ständig pulsierend verbindend-aufbauend in Gott.

Die Liebe spielt im Leben die bedeutendste Rolle, weil in ihr das befruchtend-produktiv-Anregende zu höchstem Glück in dynamischer Kraft vollendet ist (Eros).

Der wahrhaftige Mensch erkennt bei transzendierender Überwindung des Leidens in der gewaltigen Kraft des Glaubens im Heiligen Geist das Böse als banal, weil es sich als objektive Verdinglichung in der Entfremdung durch repressive Verhältnisse um Hirngespinste (Chimären) bürgerlich-individualistischer Weltsicht handelt. Der wahrhaftige Mensch wird durch ein Erblühen seines geistig-geistlichen Wesens in gewaltiger Dynamik nicht nur eine neue, personale Identität in Gott finden (Wiedergeburt), sondern mit Gleichgesinnten auch alle gesellschaftlichen Verhältnisse umwerfen, in denen der Mensch ein erniedrigtes, geknechtetes, verlassenes, verächtliches Wesen ist.

Persönliche (personale) und gesellschaftliche Emanzipation bedingen einander dialektisch (Verbindung der Lehren von Jesus und Marx).

Die liebevolle Gemeinschaft wahrhaftiger Menschen ist sowohl christlich-kommunistischer Anarchismus als auch durch die Weltkirche des Leibes Christi das Reich Gottes auf Erden (Kosmischer Christus).

Die Revolution beginnt durch die gewaltige Kraft des Heiligen Geistes in identitätsstiftender Kommunion mit Gott.

3. Credo

Gott erkennt sich selbst partiell im sich emanzipierend-vernünftigen Menschen, gewinnt im Ansatz Selbstbewusstsein in liebevoller, identischer Gemeinschaft mit ihm.

Indem er durch den Heiligen Geist in und durch die Menschen den Kosmischen Christus schafft, legt er den Grund für die Neuschaffung der Welt in Vollendung der identischen Kommunion mit der Menschheit in selbstbewusster, liebender, einiger Gemeinschaft jenseits von Raum und Zeit als wahrhaftiger, glücklicher Mensch und wahrhaftiger, glücklicher Gott. Amen!

Rüdiger Frels

IV.
Der entwurzelte Mensch und die Liebe Gottes

Der entwurzelte Mensch und die Liebe Gottes

Das entscheidende Problem des entwurzelten Menschen ist seine Abkehr von Gott und den spirituellen Werten und seine Hinwendung zu den materiellen „Werten". Macht, Geld, Konsum statt Ausstrahlung des wahrhaftigen Lebens mit Liebesvermögen, Vernunft und Schöpferkraft.

Es ist das leere Unvermögen der verkümmerten menschlichen Persönlichkeit das Ersatz-befriedigungen wie die Gier nach Macht über Menschen und den damit verbundenen Aufbau von Zwangsstrukturen einerseits und zur Kompensation eines verlorengegangenen erfüllten Lebensgefühls die Gier nach Geld andererseits zu verehrten Götzen erhebt.

Die riesigen Geldmengen, die spekulativ über den Globus hin und her geschoben werden und die Fülle der repressiv-autoritären Macht-strukturen in der Welt, auch in den scheinbar „demokratischen" Staaten, sind Ausdruck und Kennzeichen des massenhaften Versagens des

„modernen" Menschen der bürgerlich-kapitalistischen Gesellschaften, gerade auch des sogenannten „freien" Westens, der seine oberflächliche, verkümmerte Existenz des materiellen Konsums mit dem erfüllten Leben des freien emanzipiert-wahrhaftigen Menschen verwechselt.

Ausbeutung, Leistungsdruck, Konkurrenzdenken, Vereinsamung – der Mensch wird zum Ding, zur Ware. Er umgibt sich mit vielen toten Dingen und leidet gleichzeitig an greller, lärmender Reizüberflutung.

Jesus fordert Umkehr (Metanoia), das heißt eine neue Lebensführung mit gänzlich anderen Werten, das heißt den Menschen der sich Gott hingibt und, von seinem Geist erfüllt, sich zu einer liebevollen, vernünftigen und kreativen Person als emanzipierter Mensch entwickelt, der das bürgerliche Individuum mit seinem anerzogenen Egoismus und seinen überflüssigen Macken abwirft, hin zu einem spirituellen Menschen in fortschrittlicher Religiosität.

Der so im Geist wiedergeborene Christ in der Nachfolge Jesu lebt wie jeder emanzipierte, religiöse Mensch in der Welt seinen Glauben nicht aus dem Buchstaben eines geschriebenen Gesetzes heraus, sondern aus seinem liebevollen Herzen.

Der wahrhaftig fromme Mensch „glaubt" nicht nur an Gott, sondern spürt und erfährt auch die Gegenwart Gottes, das heißt er weiß von dessen Gegenwart. Dabei ist die Offenbarung der Nähe Gottes, die bis zur Erfahrung der identischen Vereinigung mit Gott führen kann (so konnte Jesus sagen: „Der Vater und ich, wir sind eins!"), immer ein liebevoller Gnadenakt Gottes.

Der Mensch kann sich Gott in liebevoller Hingabe und Andacht, gerade auch im Gebet, annähern, sich durchlässig machen für Gott. Den letzten, entscheidenden Schritt der Annäherung – der einigen Kommunion – geht der lebendige, liebevolle Gott selbst.

Die Liebe Gottes ist die elementare Grundkraft des Seins. Sie pulsiert in allem Seienden und drängt als das verbindend-Aufbauende zum ewigen und unendlichen Reich Gottes, beginnend als Keim hier auf Erden, um sich bis zur allumfassenden Vollendung vollkommenen

Glückes jenseits von Raum und Zeit zu entwickeln.

Wahrer Kommunismus ist immer auch anarchistisch, weil er durch gemeinschaftliches Eigentum an allgemeinen Verbrauchsgütern und radikal basisdemokratische Strukturen der Organisierung des Einflusses von unten nach oben durch jederzeit abwählbare delegierte Räte und somit Ablehnung der autoritären Herrschaft von Menschen über Menschen geprägt ist.

Wahrer kommunistischer Anarchismus ist nichts anderes als die gelebte christliche Gemeinschaft in gegenseitiger Liebe (Jesus: „Einer trage des anderen Last").

So werden die liebevollen spirituellen Solidargemeinschaften aussehen, die in erdumspannender geistiger Vernetzung mit allgemeiner, höchster Konzentration auf einen personalen Punkt Omega den Kosmischen Christus schaffen werden, der den Grund legen wird für den Einbruch des lebendigen Gottes aus seiner Transzendenz in den Kosmos hinein zur

Kommunion mit der Menschheit eben in diesem Punkt Omega.

So kann Gott die Menschheit und schließlich den ganzen Kosmos in allumfassender geistiger Neuschöpfung mit sich selbst zu vollkommenem Glück jenseits von Raum und Zeit vereinigen.

Eine Kernthese von Marx lautet: „Das Wesen des Menschen ist kein dem Menschen innewohnendes Abstraktum, sondern entsteht aus dem Ensemble seiner gesellschaftlichen Verhältnisse."

Natürlich ist der Mensch durch Erziehung und überhaupt durch menschliche Kontakte und in der bürgerlich-kapitalistischen Gesellschaft durch das Privateigentum an den Produktionsmitteln durch spezielle Arbeitsbedingungen in besonderem Maße auch gesellschaftlich geprägt. Nur: Es ist etwas da, das da geprägt, geformt wird: die menschliche Person an sich, die danach drängt, die Entwicklung selbst in die Hand zu nehmen. Die menschliche Emanzipation vollzieht sich nämlich dialektisch, es ist eine Wechselwirkung zwischen dem Subjekt, das erst einmal emanzipiert sein muss und dann in

Gemeinschaft mit anderen als dem Subjekt der Geschichte auch die Gesellschaft emanzipiert, weil diese Gesellschaft als repressiv-einengend empfunden wird und diese Formung eben überwunden werden muss.

Das heißt etwas wirkt in diesem Subjekt Mensch, das diese Gesellschaft umstürzend überwinden will und sie nach seinem inneren Bild, seinem Gewissen, seinen drängenden Träumen und Sehnsüchten in Gemeinschaft mit anderen nach seinen Vorstellungen formen will.

Das menschliche Wesen ist nämlich der in jedem Menschen vorhandene Geist Gottes, der zur befreienden Vollendung drängt und alles repressiv-hemmende umstürzen will.

Begreife ich die Befreiung des Menschen allein als materielle, gesellschaftliche Befreiung durch Vergesellschaftung der Produktionsmittel, dann fasse ich die befreiten Produktionskräfte im Grunde auch als materiell orientierte Kräfte auf und lande mit dem Ziel der Befreiung schnell bei materiellem Konsum und Produktions-schlachten.

Es kommt aber auf eine Befreiung des Menschen zu den in ihm spirituell angelegten Produktivkräften wie Liebesvermögen, Schöpferkraft und Vernunft an, auf die Bindung an eine allumfassende, kraftvolle Einheit, die wir Gott nennen.

Diese Bindung an Gott, die ja auch eine Rückbindung (re-ligio) an die ursprüngliche Kraft darstellt, gibt jedem Begriff von Freiheit Maß und Ausrichtung und bewahrt vor dem Irrtum, Freiheit als beziehungs- und strukturlosen Selbstzweck zu begreifen. Freiheit ist nie nur Freiheit von etwas, sondern immer auch Freiheit zu etwas.

Zu was?

Ziel ist die Verherrlichung Gottes im Menschen auf Erden und dereinst in der ewigen und unendlichen, glücklichen Vollendung jenseits von Zeit und Raum als allumfassende Kommunion.

Rüdiger Frels

V.
Leben in Gott

<u>Leben in Gott</u>

Das Leben im vollendeten Gott vollzieht sich in seiner Kommunion mit den befreiten, emanzipierten Menschen aus der Dialektik zwischen dem selbstbewussten Geist (These) und der unverweslichen Gestalt (Antithese) hin zur vollendeten Seele mit Vernunft, Schöpferkraft und Liebesvermögen im gemütvollen Erleben höchst vollkommenen Glückes in vollendeter harmonischer Schönheit und tiefster Freude und Geborgenheit (Synthese).

Die Vollendung von Gott und Mensch in Kommunion betrifft also nicht nur den Geist als Selbstbewusstsein à la Hegel, sondern betrifft den ganzheitlichen Menschen und Gott mit Seele (Gemüt), Geist und unverweslicher Gestalt.

Nur durch die Vollendung des ganzheitlichen Menschen, also der vollkommenen Menschheit in vollendeter Gesellschaft entsteht der vollkommene Gott im umfassenden Selbsterleben in vollendeter Kommunion mit höchster Freude,

Vernunft, Liebe, Schöpferkraft in höchster harmonischer strahlender Schönheit.

Der Mensch muss also sich mit Geist, Seele und Körper emanzipierend entwickeln, transzendierend über sich hinauswachsen, um zur vollkommenen Vollendung in und mit Gott in höchster einiger Kommunion jenseits von Raum und Zeit zu gelangen.

Hier auf Erden kann ich Gott auf zweierlei Weise mystisch begegnen bis zum Erleben der Einheit: immanent im gemütvollen Erleben seelischer Tiefe des kosmischen Christus und transzendent als Erleben Gottvaters im Geiste jenseits von Raum und Zeit.

Dabei vollziehe ich das Erleben der mystischen Einheit mit Gott (Identität) als ganzheitliches harmonisches Zusammenspiel von Seele und Geist (Immanenz und Transzendenz).

Erlebe ich dies häufiger, wirkt sich das natürlich auch positiv auf die körperliche Gesundheit aus, sodass sich der Mensch wahrhaftig als ganzer Mensch entwickelt und mit dieser Wiedergeburt in Gott es Gott ist der zu sich selbst kommt um schließlich mit der so all-gemeinen Selbsterkenntnis, Selbstfindung die dann vollzogene vollkommene Vollendung von Mensch und Kosmos in all-umfassender Kommunion erreichen zu können.

„Ich will eine neue Erde und einen neuen Himmel schaffen. Siehe, es ist alles neu geworden" – Noch einmal, mit anderen Worten und abschließend: Leben in Gott vollzieht sich für den religiösen Menschen gerade auch im Alltag indem Gott im frommen Menschen emanzipierend-vervollkommnend wirkt.

So kann das Reich Gottes auf Erden einbrechend-anbrechen. Der Mensch entwickelt gewaltige Kraft und wächst über sich und diese Welt hinaus und das Erleben der Einheit mit Gott ist bereits ein Vorschein der allgemeinen Vollkommenheit jenseits von Raum und Zeit.

Rüdiger Frels

VI.
Die Weltlage und was zu tun ist

1. Die Weltlage

Die Menschheit hat durch die radikale Kommerzialisierung aller Lebensbereiche bereits die Axt an die Wurzeln der Zivilisation, der Kultur und der Menschlichkeit gelegt.

Überall zeigt der Faschismus seine zerstörende Fratze. Eine bloß materiell orientierte, hemmungslos gierige Konsumgesellschaft führt durch die Vernachlässigung religiöser Spiritualität zu einer Verkümmerung der menschlichen Persönlichkeit mit dem Verfall göttlich-menschlicher Werte wie Liebe, Vernunft und Schöpferkraft.

Ängste, innere Leere und ein Drang zur (Selbst-)Zerstörung leiten die Menschheit, was sich in Kriegen und der Gefährdung der natürlichen Lebensgrundlagen ausdrückt.

Die Abkehr von Gott als der Zugehörigkeit zu einem sinnvollen Ganzen der Welt und die mangelnde Bereitschaft zur tätigen Mitmenschlichkeit führen zu oberflächlichen

Ersatzbefriedigungen wie Macht, Geld und Konsum.

Überdies werden die Menschen von der hemmungslos gierigen herrschenden Klasse in Politik und Wirtschaft manipuliert, die durch sesselfurzende, destruktive Alibi-Tätigkeiten und durch gleichgeschaltete Medien darüber hinwegtäuschen will, dass sie von der Arbeit einer mit Gewalt wie z.B. Leistungsdruck in Schach gehaltenen, ausgebeuteten übergroßen Mehrheit der Bevölkerung lebt.

Es sind solche oligarchischen milliardenschweren Charaktermasken wie Trump, die, unterstützt von korrupten Hilfskräften, meist im Verborgenen, die Fäden in Politik und Wirtschaft in der Hand halten. Diese Kräfte gehen buchstäblich auch über Leichen, um ihre Macht abzusichern.

Es gibt Familienclans, die durch Erbschaft bereits seit fast 200 Jahren, seit dem Aufkommen der bürgerlich-kapitalistischen Gesellschaften, diese Welt beherrschen und die auch jetzt, hier und heute darauf hinwirken die Erde unbewohnbar zu machen.

2. Was ist zu tun?

Es gilt, ein weltweites Netz von Gemeinschaften liebevoller, vernünftiger und schöpferischer Menschen aufzubauen, die nach Marx darauf hinwirken, alle Verhältnisse umzuwerfen, in denen der Mensch ein erniedrigtes, geknechtetes, verlassenes und verächtliches Wesen ist.

Diese Gemeinschaften sind gerade auch religiös geprägt und leben in liebevoller Gütergemeinschaft und getreu dem Leitspruch Jesu: „Einer trage des anderen Last!"

Sie vollziehen den Einbruch des Reiches Gottes auf Erden und streben die einige Kommunion mit dem ewigen und unendlichen Gott in harmonischer, glücklicher Vollkommenheit jenseits von Raum und Zeit an.

Ich rufe alle Gleichgesinnten auf, sich mir auf diesem Weg des wahrhaftigen Menschseins anzuschließen.

Lasst uns eine Gemeinschaft bilden, in der der Mensch dem Menschen ein Helfer ist, die in

Andacht, Gebet und Mitmenschlichkeit den lebendigen Gott durch den Heiligen Geist schon auf Erden verherrlicht auf dem Weg zur all-einen Vollendung im vollkommenen Gott.

Rüdiger Frels

Band 2:
Die Offenbarung
Gottes

Erläuterung zum Aufbau des Werkes

Dieses Gesamtwerk umfasst drei einzelne Teilwerke, die zusammen eine Einheit bilden und ist der zweite Band meines Gesamtwerkes.

Die einzelnen Teilwerke sind in der nachstehenden Tabelle gelistet:

Nr.	Werk
I	Die Offenbarung Gottes
II	Dieses rigorose Leben
III	Gott

Rüdiger Frels

I.
Die Offenbarung Gottes

Die Offenbarung Gottes

In dem durch den Heiligen Geist inspirierten Menschen offenbart sich Gott. Diese Zeilen, die der Verherrlichung Gottes dienen, zeugen von ***Ihm.***

Mit den Worten Jakob Böhmes:

„Was kein Auge je gesehen und kein Ohr je gehört hat, was in das Menschen Herz nicht eingetreten ist, das hat uns Gott offenbart durch den [Heiligen] Geist, denn der Geist erforscht alles, auch die Tiefen Gottes."

1. Der offenbarte Gott und der Moloch

Gott offenbart sich im Alltag auch durch den Kampf des Guten gegen das Böse, offenbarter Gott gegen den Moloch.

Das Gute ist der Anruf Gottes im Menschen, es offenbart sich für jeden im heiligen *Gewissen.*

Der Moloch ist die objektiv-unpersönliche, alles auflösend-zerstörende Macht des Bösen. Er gewinnt seine blinde Macht durch das kollektive Versagen, Scheitern der Menschen, jede Verfehlung des Menschen („Sünde") nährt seine Macht. Früher wurde er als „Satan" bezeichnet und ihm Personcharakter angedichtet.

Der Moloch wirkt im Menschen auch dadurch, und das ist die letzte Konsequenz der niedergehenden bürgerlich-kapitalistischen Gesellschaft, das dieser

Lust an der auflösenden Zerstörung, am Quälen der Kreatur, gewinnt. Das ist purer Faschismus. Faschismus also als letzte Konsequenz der bürgerlich-kapitalistischen Gesellschaft als einer Gesellschaft der strukturellen Gewalt einer Unterdrückung und Ausbeutung der überwältigenden Mehrheit der arbeitenden Bevölkerung durch eine kleine Minderheit der herrschenden Schmarotzer, Ausbeuter, Spekulanten und ihrer korrupten Hilfskräfte.

Das Böse an sich ist zwar banal in seiner rohen Brutalität primitiver, angstgeborener Instinkte. Aber das erschreckende, allgemeine Versagen vieler Menschen macht es gefährlich. Das Böse, der Moloch, zeigt seine Kraft bei den aktuellen Krisen der Menschheit.

Der Moloch also als das zerstörend-Böse an sich, der große blind-anonyme

Mahlstrom des großen Es, das alles in sich zu verschlingen droht. Selbst moralische Grundstandards lösen sich auf, was man zum Beispiel am Umgang mit Menschen sieht, die aus der bitteren Not zu uns flüchten. Sogar deren Tod wird eiskalt in Kauf genommen. Anstatt für legale Einreisemöglichkeiten zu sorgen, werden die Grenzen brutal abgeschottet. „Grenzen sichern!", fordert der Unmensch. Keiner flüchtet freiwillig, offene Grenzen für alle wären nur ein Akt der Menschlichkeit.

Stattdessen sterben sie in Wüsten oder ertrinken im Mittelmeer. Grenzzäune, Mauern werden errichtet. Benachteiligte dies- und jenseits der Grenzen werden gegeneinander ausgespielt. Flüchtlinge als die Wurzel allen Übels – statt ein System der brutalen Ausbeutung menschlicher Arbeitskraft durch eine kleine schmarotzende Minderheit.

Notleidende Hilfesuchende werden gezwungen, in Flüchtlingslagern vor den abgeschotteten Grenzen unter katastrophalen Bedingungen auszuharren.

Unser materieller Wohlstand gründet direkt auf der Not der Länder der Dritten Welt, ausgebeutet als Absatzmärkte von subventionierten Billigwaren mit der Nieder-Konkurrierung der dortigen Bauern und Ausbeutung fremder Rohstoffe. Indem wir uns abschotten, stoßen wir die Flüchtlinge in das von uns verursachte Elend zurück.

Ein weiteres Problem, das sich aus unserer hemmungslos übersteigerten Konsum-gesellschaft ergibt, ist der weltweite Klimawandel. Wesentlicher Klimakiller ist der private Autoverkehr, der mit seinen CO_2-Abgasen für den Treibhauseffekt mitverantwortlich ist. Hier wäre ein Ausbau des öffentlichen Verkehrsnetzes zulasten des privaten Autoverkehrs vonnöten. Stattdessen betrügt die Autoindustrie auch noch bei den Abgaswerten und Teile der herrschenden Klasse leugnen den Klimawandel grundsätzlich.

Aufgrund des drohenden Klimakollapses, der sich zunehmend abzeichnet, ist es jetzt politisch dringend geboten, den Schutz der Umwelt in der Prioritätenliste ganz nach oben zu setzen. Doch der profitorientierte Kapitalismus mit seinem System von korrumpierendem Lobbyismus, fußend auf Ausbeutung menschlicher Arbeitskraft, nimmt die Vernichtung der natürlichen Lebensgrundlagen der Menschen eiskalt in Kauf.

Ein völlig neuer Ansatz des Wirtschaftens mit der Befriedigung der wahren Bedürfnisse des Menschen und basisdemokratischen Strukturen muss jetzt verwirklicht werden.

Liebe, Vernunft und Schöpferkraft statt Geld, Macht, Karriere und Konsum.

Die bürgerlich-kapitalistische Gesellschaftsordnung muss nach gut 200 Jahren überwunden werden, der spirituelle *__Mensch__* muss den materiell orientierten *__Bürger__* ablösen.

Gott offenbart sich gerade auch in feinsten Strukturen alltäglichen menschlichen Erlebens. Der den Alltag prägende Kampf im christlichen Menschen ist die Wiedergeburt im Heiligen Geist das heißt die Ablösung der übersteigerten bürgerlichen Individualität durch den personalen Menschen – alter Adam gegen wiedergeborener Christ, Bürger gegen Mensch. Erst als christliche Person, als

Verkörperung von Gott (Geist) und Christus-Logos (Seele) im Körper als Tempel des Heiligen Geistes offenbart sich Gott in der identischen Kommunion mit dem Menschen ganz. Der egoistische Individualismus des bürgerlichen Menschen hat sich in eine ganzheitlich empfindende liebevolle Person des emanzipierten Menschen mit Vernunft, Schöpferkraft und Liebesvermögen gewandelt.

Als lebendiger Christ der liebevoll-menschlichen Tat fühle ich mich ganz in der All-Einheit Gottes geborgen.

„Der alte Adam ist nicht mehr. Siehe, es ist alles neu geworden."

Indem er Gott in sich spürt ist der Christ angstfrei mit sich im Reinen und kann in der mitmenschlichen Tat liebevolle Außenwirkung entfalten.

Bis in feinste Verzweigungen menschlichen Empfindens spüre ich den immerwährenden Kampf Gut gegen Böse, Gott gegen den Moloch. Je mehr ich mich Gott öffne, desto mehr gewinnt er Macht über mich, gewinne ich Kraft durch ihn.

2. Der verherrlichte Gott in liebevoller vollendeter Vollkommenheit

Die Verherrlichung Gottes hier auf Erden und dereinst in der vollendeten Vollkommenheit jenseits von Zeit und Raum ist die ureigenste Aufgabe und Bestimmung des Menschen.

Gottvater entlässt seinen Sohn, den Christus-Logos, aus sich heraus zur Schöpfung des Kosmos um sich nun mit ihm als der sich ihm entgegen hebende Kosmische Christus zur Vollendung seiner

Selbst, des Menschen und des Kosmos in vollendeter, vollkommener Kommunion jenseits von Zeit und Raum wieder zu vereinigen in der Erfüllung glücklicher Liebe.

Gott ist Anfang und Ende, Alpha und Omega, in dem Herausbringen aller Möglichkeiten in der Fülle der Erscheinungen und Geschehnisse, als Geschichte des Kosmos erkennt Gott im Eigenerleben sich selbst bis zur vollkommenen Vollendung des lebendigen Gottes in höchster harmonischer liebender Schönheit und geborgener glücklicher Erfüllung als identische, gnadenvolle Vereinigung von Mensch und Gott.

Rüdiger Frels

II.
Dieses rigorose Leben

Das Buch des Lebens sei nun aufgeschrieben. Es sei getan als Beispiel für das Leben aller Menschen.

<u>Kapitel 1</u>

Früheste Erinnerungen: als Kind auf dem Wickeltisch, der Blick zum Fenster durch das die Sonne ins Zimmer scheint. Licht und Wärme Gottes.

Vater bei Malerarbeiten. Er beschmiert mit dem Pinsel die Nase des Kindes, das sehr amüsiert ist.

Die Familie steht im Februar 1962 nachts auf. Eine Sturmflut mit Überschwemmung droht. Das Kind friert, schlottert aber auch vor Angst.

Frühe Kindheit, erste bewusste Eindrücke. Neugier auf die Welt, Suche nach Orientierung.

Umzug mit den Möbeln auf einem Wagen, den der Vater zieht, unterstützt von schiebenden Verwandten. Das Kind sitzt vorne auf dem Bock.

Geborgene Kindheit mit guten Freunden, obwohl Missstände und Konflikte intensiv erlebt werden und zu seelischen Erschütterungen führen. Unverständnis gegenüber dem Fehlverhalten der Menschen – Entfremdung, Weltschmerz.

Was ist das Leben?

Es ist das pulsierend-dynamische verbindend-Aufbauende, das sich dialektisch konstituiert, sich wesensgemäß in das Vernünftige, Schöpferische und Liebevolle zerlegt, zur weltgestaltend-vervollkommenden Tat aufruft und sich immer wieder zurücknehmend in die vollendete liebevoll-glückliche absolute Kommunion Gottes mit dem Menschen mündet.

In einer Baracke beginnt die Schule, am ersten Tag stolz mit Schultüte.

Neben der Schule liest der Heranwachsende viel, so dass die Schule mit zunehmendem Alter immer mehr in den Hintergrund rückt. Der Autodidakt bildet sich heraus.

Die Frage nach dem Sinn des Lebens stellt der junge Mann.

Sie mündet, nach nächtlichem Kampf, in den Glauben an den lebendigen, liebenden Gott. Der junge Christ will den Mitmenschen ein Helfer sein und Pastor werden.

Vor der Konsequenz des lebens-
umwandelnden Christseins gerade auch im
alltäglichen Lebensvollzug schreckt er
aber zurück.

Anstatt der Stimme seines Herzens zu
gehorchen, lässt er sich durch seinen
Bekanntenkreis zur gesellschaftlichen
Anpassung hin beeinflussen.

Schließlich studiert er Jura in Kiel.

<u>Kapitel 2</u>

Früh stößt den Studenten die verdinglichte
abgehobene Trockenheit des Jura-
Studiums ab. Er geht immer seltener in die
Universität, nimmt schließlich nicht mehr
an den Seminaren teil.

Mit der Entfremdung von seinem
christlichen Glauben und allgemeinem

Mangel an Orientierung beginnt die Jahrzehnte andauernde entwurzelte Getriebenheit des Verfassers, der immer auf der Suche nach erfüllter Hingabe sinnhafter Lebensführung in liebevoll-tätigem Menschsein war.

Im Grunde gärt die Sehnsucht nach der Erlösung durch den liebevoll-gnädigen Gott in vollkommener, glücklicher Geborgenheit.

Nach Abbruch des Studiums und der Aufnahme einer Ausbildung in der Verwaltung begann die Hinwendung zum zunächst grünen Sozialismus und das Engagement in der Friedensbewegung.

Besonders prägend war die Beschäftigung mit dem jungen Marx.

An großen Demonstrationen der Friedensbewegung und der Anti-Atomkraftbewegung wird teilgenommen.

Ich begann zu schreiben, zu philosophieren und unternahm den Versuch, Christentum und Sozialismus miteinander zu versöhnen.

Die Ausbildung in der Verwaltung scheiterte mangels Interesse.

Philosophie und Politik wurde in Stuttgart studiert.

Ich wollte mich von Blut und Boden lösen – daher zog ich in eine entfernte Gegend Deutschlands.

Ich musste während des Studiums arbeiten – die Belastung durch die Schichten bei der Post war groß. Den Stress und auch die Einsamkeit, die religiöse Entfremdung betäubte ich zunehmend mit Alkohol. Schließlich musste ich mich in Behandlung begeben, da auch der allgemein-seelische Zustand desolat wurde: ich begann zu verwahrlosen.

Ich zog wieder zu meinen Eltern, begab mich zunächst in die psychiatrische Abteilung eines Krankenhauses in der Nähe meiner Heimatstadt.

Nach einem vorübergehenden Intermezzo bei der Post in Bremen, die in der Katastrophe einer Psychose und erneuter psychiatrischer Behandlung mündete (auch die Stressbewältigung durch Alkohol spielte einer verheerende Rolle), war ich arbeitsunfähig und wurde Frührentner.

In den nächsten Jahren unternahm ich viele Reisen mit meinen Eltern. Die Sehnsucht nach Ablenkung und Geborgenheit war greifbar.

Aufgrund meiner weltanschaulichen, vor allem religiösen Orientierungslosigkeit meinte ich, vom Alkohol noch nicht lassen zu können. Daran änderte zunächst auch mein politisches Engagement in der

Linkspartei nichts, die ich nach 8 Jahren aufgrund von internen Streitereien wieder verließ. Ich bin dieser Partei weiterhin verbunden, ziehe es aber vor, mit eine intellektuelle Eigenständigkeit zu bewahren. Inzwischen bin ich kommunistischer Anarchist.

Überdies hatte ich im Jahre 2015 ein religiöses Erweckungserlebnis. Seitdem ist mein Glaube und Leben von einer tiefen philosophisch-weltanschaulich-emanzipierten Frömmigkeit geprägt.

Der Anruf Gottes ergreift mich existenziell. Ich bin als wiedergeborener Christ und Kind Gottes in einiger liebender Kommunion mit dem lebendigen, gnädigen Gott und habe so eine neue Identität mit Gott gefunden als sein Prophet und Mittler zu den Menschen. Ich habe die übersteigerte bürgerliche

Individualität überwunden zugunsten einer wahrhaftigen Personalität in Gott, Amen!

<u>Nachwort</u>

Ich trinke seit nunmehr fast 10 Jahren kein Alkohol mehr.

Zum Schluss war es nur der absurde Grund vor dem zunehmenden Druck des verstärkten Anrufes Gottes, sein Werben um mich, zu fliehen, der mich am Alkohol hielt.

Wen Gott will, den kriegt er auch. Da hilft dann zum Schluss auch kein Sträuben mehr, das mich an den Rand des Wahnsinns führte.

Flucht vor der Verantwortung (die groß ist), vor der Bestimmung Gottes, der Erwählung, beantwortete Gott mit der gnadenvollen Offenbarung meiner

Aufgabe in der Welt und schließlich der einigen Kommunion mit meiner Person als Vorschein der all-gemeinen vollkommenen Vollendung in Kommunion mit dem gnädigen Gott jenseits von Raum und Zeit in Liebe.

Rüdiger Frels

III.
Gott

<u>Gott</u>

Dies hat aufgeschrieben mein Prophet und Mittler zu den Menschen.

Ich habe ihn bei mir erkannt und ihn benannt, wie er mich bei sich erkannt hat und mich benannt hat als

<u>Gott.</u>

Geboren aus unserer einigen Kommunion, halten wir mit diesem Werk der Welt den Spiegel vor.

Mein Blick auf die Menschen des Planeten Erde erfüllt mich mit tiefer Sorge.

Die Menschen sperren sich vor mir – sie lassen mich nicht in ihr Herz. Viele Dinge, Gegenstände, finden ihre Aufmerksamkeit, lenken sie von mir ab.

Sie vergötzen das Seiende und verlieren sich in ihm.

Sie vergessen so das absolute Sein, den lebendigen liebenden Gott als den Ur-grund, das Sein an sich, aus dem alle Dinge, alle Erscheinungen hervorgegangen sind.

Als Kennzeichen der Verarmung ihrer Persönlichkeit können sie sich nicht mehr an meiner Schöpfung erfreuen, stattdessen zerstören sie die Natur des blauen und grünen Planeten auf dessen Bewohner ich doch so viel Hoffnung setze und die ich durch meine prophetischen Diener immer wieder ermahnt habe.

Was ist aus vielen Menschen geworden? Sie folgen ihren niedrigsten Instinkten und verrohen dabei völlig. Sie stumpfen ab: ihre Persönlichkeit, die eigentlich durch

Vernunft, Schöpferkraft und Liebesfähigkeit geprägt sein soll, verkümmert.

Vor lauter individueller Konsumgeilheit vergessen sie ihre Mitmenschen, ihren gesellschaftlichen Bezug. Die Menschen sind für sie nicht liebenswerte Schicksalsgenossen, sondern Konkurrenten um einen Platz an Tränke und Futterkrippe des Konsums. Materieller Reichtum und Macht über Menschen sind für viele Menschen die erstrebenswertesten Ziele in ihrem Leben.

Liebes-, Freundes- und Verwandtschaftsbande zerbrechen.

Viele Menschen vereinsamen, werden unfähig zur mitmenschlichen Beziehung.

Eine allgemeine Gefühlskälte breitet sich aus, eine innere Leere, die wiederum Ängste und Aggressionen hervorruft. Minderheiten und hilfesuchende,

notleidende Menschen werden zu Sünden-
böcken abgestempelt. Diese Stimmung
wird durch eine Macht- und Konsumgeile
herrschende Klasse noch geschürt, die
davon ablenken will, dass sie von der
Arbeit der zunehmend verarmten,
manipulierten Massen in Saus und Braus
sinnlosen, materiellen Reichtums leben.

Es mag viele Götzen geben, die von den
Menschen fetischartig verehrt werden.

Aber so merke auf Mensch: es gibt nur
einen <u>Gott</u>; und du kannst sicher sein, dass
Er helfend eingreifen wird. Denn es gibt
noch Hoffnung! Es gibt noch Zeichen des
Aufbruchs, des Beginns eines neuen
Zeitalters. Es wird das Zeitalter des
personalen <u>Menschen</u> sein, der die Ära des
individuellen <u>Bürgers</u> ablösen wird.

Nur wenn es gelingt, das Reich Gottes auf Erden anbrechen zu lassen, hat der Mensch noch eine Chance: es geht um Alles oder Nichts.

Die Gefahr droht vom alles auflösend-zerstörenden Moloch des großen Es, der die Kreatur zu verschlingen droht. Er ist immer dann groß, wenn der Mensch klein ist.

Besonders, aber nicht nur die Jugend ist es, die mir in jüngster Zeit Hoffnung gibt. Da ist ein Aufbruch spürbar, ein sich freuen können an wirklich wichtigen Dingen im Leben: Eine freundschaftlich-liebende Hand, ein lachendes Auge, eine duftende Blüte, ein warmer Sonnenstrahl.

Die Menschen haben den Wert der Liebe und der natürlichen Umwelt neu erkannt. Nehmen wir das alles für eine neue Kraft, auf der wir Zukunft bauen können. Kommt noch ein spirituell geprägtes Moment hinzu, und gewinnt diese religiöse Erneuerung eines herz-lich liebe-vollen Glaubens weltweite Bedeutung, dann ist mein Reich auf Erden angebrochen.

Du, Mensch! ICH reiche Dir meine Hand!

Ergreife sie, und du wirst die Krone des Lebens tragen in vollendeter, vollkommener Liebe jenseits von Raum und Zeit.

AMEN!

Zeitfracht Medien GmbH
Ferdinand-Jühlke-Straße 7
99095 Erfurt, Deutschland
produktsicherheit@kolibri360.de